.

边缘光影

席慕蓉诗集·礼享版

席慕蓉／著

长江出版传媒　长江文艺出版社

诗的瞬间
——代序

（一）

2001. 2. 21　台北至淡水的途中

所有的诗人想要叙述的，都是自己的生命。有人终于找到出口，有人却误入歧途。

我发现，原来我爱的常是那些知道自己已经迷途的诗人。知道这是歧路，这一切并非原初的想望；可是，那样的徘徊复徘徊，以及不知所从，或许才是诗的真义吧。

诗，不是理直气壮的引导，更不是苦口婆心的教诲，诗，只是一个困惑的人，用一颗困惑的心在辨识着自己此刻的处境。

（二）

2002. 6. 27　从克什克腾到呼和浩特的火车上

诗是挽留，为那些没能挽留住的一切。

诗是表达，为当时无法也无能表达的混乱与热
烈，还有初初萌发的不舍。

诗，是已经明白绝无可能之后的暗自设想：如
果，如果曾经是可能……

诗，是一件从自己手中坠落的极珍爱的瓷器，
酡红与青碧，是记忆里慢慢捡拾的碎片上浮出
的颜色和心悸……

诗，终于只能是
生命在回首之时那静寂的弥补。

因此，诗人与读者的沟通绝不可能在群众旁观
之下完成。真正的"素面相见"，只有在独自
一人面对书中的一首诗的时候才可能发生。

（三）

2003. 9. 18 草原列车上

难以形容在牛河梁那天晚上来回两公里如水般
的月光，在通往女神庙的山径上。

两公里的月光，可以是一首诗的标题吗？如果
要写，以什么样的字句可以完整地显示出那澄

澈清朗的月色以及那层层叠叠铺满了一地的清晰无比的树影？还有，还有那安静地伴随在我们身旁的五千五百年的时光？

人说时光如逝水，可是，在蒙古高原之上，在这苍茫万里的大地之间，我却发现，一切都没有离开，一切都从未消失。就如那夜在月光下行走的我们，对松林间的光影并不陌生，只觉得似曾相识，如遇故人。

我在当时轻声询问朱达先生，土地是不是真的具有灵气？他说："有的。"平日沉默寡言的考古学者，心中想必另有一种丰美境界吧。

在母亲的土地上，我是备受宠爱的女儿，给了我教诲，也给了我，难以描摹的至美。

（四）

2005. 3. 15　野柳海边

昨天有新书发表会，在众人之前朗读一首旧作《借句》，读到那一行"要如何封存　那深藏在文字里的我年轻的灵魂"之时，忽然悲从中来，忍不住就落泪了。

难以解释的突发事件，找不出什么恰当的借口可以掩饰或者说明。

只能猜想，在诗里另有一个我，她的本质是现实世界里的我所难以了解和衡量的。仿佛她已隐忍很久了，所以才会突然出现，是生命内里的矛盾与混乱吗？还有不安与不甘……

在尘世间循规蹈矩地活着，参与着，似乎以为一切本该如此了。幸好，幸好还有诗，才能忽然在瞬间点醒了我。

（五）

2016. 3. 3 淡水家中

曾听一位讲者在台上说，要如何如何才能写出伟大的诗篇来，仿佛在传授秘笈般的慎重，我的心在当时就寂然退下。

人还坐在讲堂里，却已经听不见什么了。我知道自己生性愚昧，却不能不坚持，"伟大"这件事是不能事先预订的，而且与诗无关。

写诗是生命的要求，它要求的只是诗本身，并无任何其他的附加条件。

即使如杜甫也曾经说过"语不惊人死不休"那样的话，可是，我相信，在他每首诗当时的触动里，绝对不会有一个"伟大"的目标高悬在前，杜甫诗中的苦民所苦，是真正的疼痛啊！

（六）

2016. 8. 14　淡水家中

年少时在日记本里的涂鸦，源自流离与寂寞的处境，没想到，诗，从兹竟然安顿了我困窘的身心。那个年岁，诗，是在丛林里的冲撞，是终于完好地奔回洞穴之后静静流下的泪水。

中年的我，谨小慎微循规蹈矩。没想到，提起笔来，竟然如此执拗，从不肯对任何的干扰屈服，我行我素，一心想要寻回那些错过的溪涧与幽谷，那些依稀的芳馥……

如今，甚至也不接受我自己的劝告，明明知道去书写原乡那辽阔深远的时空沧桑非我力所能及，却不肯罢休。

诗，在此时，对我已非语言、意念和几行文字而已，它是生命本初最炽烈的渴望，如离弦之箭在狂风中，犹想射向穹苍。

（七）

2016. 11. 14　淡水书案窗前

感谢长江文艺出版社推出我的七本诗集平装新版，内含从 1959 年到 2011 年的诗作，社方征序于我，欣然摘取六则"诗的瞬间"献上。

很早很早的时候，我就喜欢读诗，写诗。到了高中，立志修习绘画，之后从师范大学的美术系毕业，再留欧专攻油画和铜版画，从布鲁塞尔皇家美术学院毕业之后，一面开画展，一面准备回台湾教书。然后，回到岛上，在大专院校的美术科系里担任教职，就这样认认真真地过了许多年。因此，诗好像就只是一种单纯的爱好而已，既没有明确的目标，也没有远大的志向，更没有机会去求得技法的精进；这么多年以来，只是顺从着心中的触动与渴望去写，诚恳而又安静地，一直写到今天。

今天，时光已老，我才在回首之时欣然领悟，生命中一直有诗相伴，是多么难得的幸福。

其实，叶嘉莹先生早就说了："读诗与写诗，是生命的本能。"感谢这美好的本能从来没有将我舍弃，总是不时现身提醒。

今天，愿以我敬爱的叶先生之嘉言，与每一位读者共勉。

目　录

附录　评论两家及后记

席慕蓉书目

篇一

鹰

鹰

执笔有时只是一种清凉的欲望
无关悔恨　更无关悲伤

我只是想再次行过幽径　静静探视
那在极深极暗的林间轻啄着伤口的
鹰

当山空月明　当一切都已澄净

1987

诗的蹉跎

消失了的是时间
累积起来的　也是
时间

在薄暮的岸边　谁来喟叹
这一艘又一艘
从来不曾解缆出发过的舟船

一如我们那些暗自熄灭了的欲望
那些从来不敢去试穿的新衣和梦想
即使夏日丰美透明　即使　在那时
海洋曾经那样饱满与平静
我们的语言　曾经那样
年轻

1998. 6. 6

静夜读诗

是如何　我的心在瞬间纵横拓展

饱满欣欣然如万物初始一般

光明照耀　暖流涌动

似乎　所有被这个世界埋藏了的感觉

都在此刻纷纷走出黑暗的洞穴

在静夜里翻读着我深爱的诗人

仿佛是跟随着天使的翅膀

即或是极轻微的扇动也能掀起疾风

使我的灵魂猛然飞升或者　迂回下降

诗　原来是天生天长

而我深深爱慕着的诗人啊

你们应是一棵又一棵孤独的树

植根在无垠的旷野　忍受试探

坚持要记下那些生命里最美丽的细节
记下那些我们以为
是文字和言语都不可能传递的声息
诸如那羽翼在风过时如波纹般的颤动
以及在静夜里　当他俯身向我时
那逐渐变得沉重的月色和　呼吸

1997. 12

借句

一生倒有半生，总是在清理一张桌子。

——隐地

一生倒有半生　总是在
清理一张桌子
总以为　只要窗明几净
生命就可以重新开始

于是　不断丢弃那些被忽略了的留言
不断撕毁那些无法完成的诗篇
不断喟叹　不断发出暗暗的惊呼
原来昨日的记忆曾经是那样光华灿烂
却被零乱地堆叠在抽屉最后最深之处

桌面的灰尘应该都能拭净

瓶中的花也可以随时换新

实在犹疑难舍的过往就把它们装进纸箱

但是　要如何封存

那深藏在文字里的我年轻的灵魂

(要怎么向她解释

说我们同行的路途最好就到此为止?)

从来也没有学会如何向自己道别

我只能把一切再还给那个混乱的世界

在微雨的窗前　在停顿的刹那间

有些模糊的角落又会逐渐复原

于是　周而复始　一生倒有半生

总是在清理一张桌子

清理所有过时　错置　遗忘

以致终于来不及挽救的我的历史

1995. 1. 27

背叛的心

每个人各有他不同的老去方式。(晓风语)

每个人各有他不同的老去方式

每个人都只能用他自己的方式老去

或是早生华发　或是

越走越浓越贴越紧的焦虑

而我的难道就是这样了吗　怎么也不肯

去顺从那其实早已将我降服了的生活

却又迟迟不能判断到底该如何来发难?

究竟要对谁

对什么

开始背叛?

1997.7.11

岁月三篇

1. 面具

我是照着我自己的愿望生活的
照着自己的愿望定做面具
有时候戴着谦虚　有时候戴着愉悦
只有这样才能活下去吧
努力浇熄那愤怒和骄傲的火焰
努力拔除那深植到骨髓里的忧愁
把一切的美德都披挂起来
而时日推移　孤独的定义就是——
角落里那面猝不及防的镜子

2. 春分

时日推移　记忆剥落毁损
不禁会迟疑自问　从前是这样的吗

在春分刚至的田野间

在明亮的窗前　我真的有过

许多如针刺如匕首穿胸的痛楚？

许多如鼓面般紧紧绷起的狂喜？

许多一闪而过的诗句？

从前是这样的吗　我迟疑自问

然后雾气就从海面慢慢移过来了

逐渐遮盖住那片山坡上的樱树林

逐渐掩埋了眼前这春分刚过的清晨

3. 诗

曾经热烈拥抱过我的那个世界

如今匆匆起身向我含糊道别

时日推移　应该是渐行渐远

为什么却给我留下了

这样安静而又沉缓的喜悦

重担卸下　再无悔恨与挣扎

仿佛才开始看见了那个完整的自己
我的心如栗子的果实在暗中
日渐丰腴饱满　从来没有
像此刻这般强烈地渴望　在石壁上
刻出任何与生命与岁月有关的痕迹

1996

青春 · 旅人 · 书写

青春

当回顾逐渐成为一种仪式
总是戴着固定的面具应声出现的青春啊
你所为何来？

旅人

那熟悉的忧愁和焦虑　在暮色里
紧紧地跟随着我
要在醒来之后才能明白我刚才只是
一个旅人　穿梭在梦中的街巷

书写

在重复地品尝过了之后

他们就坐下来　书写

有人终其一生都在书写标语和大纲

只有少数的人书写细节　那千丝万缕

当灵魂和生命的发肤互相碰触

互相刺入时的种种感觉

1997. 10. 27

龙柏·谎言·含羞草

龙柏

总是栽植在墓地之旁的龙柏

好像是一种见证

见证生命

曾经以多么热烈的姿态成长

谎言

在透明的月光之下由你轻声道来

令人神往

含羞草

沉默的退缩与闭合有绝对的必要

否则　我的诗

如何能从一无干扰的旷野

重新出发

1998.9.9

篇二 海鸥

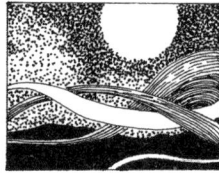

海鸥

刚刚出发的白鸟

在明净的天色中划出弧线

激动的心啊　并不能知道

前路上的风暴

并不能躲避　阴云密布

那些急急向着命运逼近的

十面埋伏

1987

双城记

前言：

去年秋天，人在北京。有次坐在计程车中，忽然瞥见了一处街名，是儿时常听长辈说起的，先母旧居应该就在这附近。

于是央求司机绕道去看一看，并且在说出地址之后，还向他形容了一下我曾经从旧相簿里见过的院落和门庭。司机沉吟半晌，回答我说是还有这么一个地方，不过却绝不像我所形容的模样；也许，还是不去的好。

听从了他的建议，我们默然向前驶去，黄昏的街巷终于复归成陌生城市。我只记得那位先生双鬓微白，在驾驶的途中始终没有回过头来。

那天晚上梦见了母亲。

梦里　母亲与我在街头相遇

她的微笑未经霜雪　四周城郭依旧
仿佛仍是她十九岁那年的黄金时节

仿佛还是那个穿着红缎里子斗篷的女孩
憧憬像庭前的海棠　像芍药初初绽放
却又知道我们应是母女　知道
我渴望与她分享那些珍藏着的记忆

于是　指着城街　母亲一一为我说出名字
而我心忧急　怎样努力却都不能清楚辨识
为什么暮色这般深浓　灯火又始终不肯点起
妈妈　我不得不承认　我于这城终是外人
无论是哪一条街巷我都无法通行

无论是昨日的还是今夜的　北京

1991.2.19

天使之歌

——昨日已成废墟

只留下还在旷野里坚持的记忆

（一直希望我能是天使

在俯仰之间　轻轻扇动着那

原该是我与生俱来的翅膀

巨大而又华丽　我洁白的羽翼……）

我闭目试想　总还能剩下一些什么吧

即使领土与旗帜都已被剥夺

盔甲散落　我　总还能剩下一些

他们无从占领的吧

诸如自尊　决心以及

那终于被判定是荒谬与绝望的理想

这尘世是黑暗丛林

为什么　我依旧期待黎明

应该还是可以重新再站起来的吧
我悄然自问　当遍体鳞伤的此刻
当连你也终于
弃绝了我　在此最最泥泞荒寒的角落

1989. 6. 16

诗的末路

所有的悲伤
其实是不断重复前来的
所有的寂寞　也是

要到了此刻
我才知道
生命里能让人
强烈怀想的快乐实在太少太少

我因此而逐渐胆怯
对每一个字句都犹疑难决
当要删除的　终于
超过了要吐露的那一部分之时
我就不再写诗

1988.7.2

独幕剧

(然而这也是我们仅有的一生我们从来没要求过流亡与战争)

有些记忆成为真理是因为那坚持的品质有些经验成为美是因为它们的易碎可是请你告诉我为什么我们的剧本里总是让有些憎恨成为习惯有些土地成为梦境这荒谬而又悲凉的情节啊千年之后有谁还会相信?

千年之后有谁还会相信今夜的我们曾经彼此寻找怀着怎样温柔的心情山谷与草原的气息原来可以如此贴近而又熟悉莲房中新生的莲子原来全无那苦涩的恨意这一分一秒逐渐远去的原是我们可以倾心爱恋的时光可是成长中的一切课程却都只教会了我们要如何去互相提防每一页

翻过的章节都充满了不同的解释每一次的演出
总是些互相矛盾的台词年轻的演员因此而怯场
初来的观众在错愕间既不敢鼓噪也不敢鼓掌不
知道要用怎样的诱饵才能让编剧者揭开全部的
真相。

(然而这也是我们唯一的演出实在经不起任何的
试验与错误)

在幕启之初身为演员我的嗓音曾经诚挚而又快
乐开始向黑暗的台下述说生命里那无数次错不
在我的沧桑与阻隔我知道你正在我身后静静聆
听即使在众人之中我相信也能够辨识出那孤独
的身影多希望能够转身窥视你藏在心底的镜子
在其中应该也会有你为我留下的位置纵使到今
夜为止我们从未真正相识。

风从每一扇紧闭着的窗外吹过有水声从后台传
来灯光转蓝暗示此刻已经来到了灰茫清冷的忘

川台下是谁在轻声叹息难道他是智者已经预知结局？

灯光闪烁间所有的脚步突然都变得踉跄与杂乱高潮应该就是在前面横亘着的那一条忘川远处波涛仿佛已经逐渐平息你看那白发的水手在悠长的等待之后不是正一一重返故里让我们也互相靠近互相碰触穿过层层莲荷的花叶终于紧紧相拥立誓永远不要再陷落在过往的泥沼之中。

(如果能够就此约定这整整的一生都不许再有恨)

为什么希望绽放之后即刻凋谢比莲荷的花期还短为什么依旧有许多阴影在深深的河底回绕交缠渴盼中的爱与被爱啊在多年的隔离之后竟然万般艰难今夜的我站在岸边只听到有人顿足有人悲泣河面无限宽广那忘川的水流对我们竟然毫无助益多少次在梦中婉转低唤的名字如今前

来相会却悚然察觉我们都已不再是彼此的天神
而是魔鬼灯火全灭布幕在惊呼声中急急落下从
此流浪者的余生啊将要辗转在怎样不堪的
天涯？

千年之后有谁还会相信幕落之前我们曾经怎样
努力想要修改这剧中的命运身为演员当然知道
总会有个结局知道到了最后不外就是死别与生
离可是总不能就这样让整个故事都在错置的时
空中匆匆过去？

（这也是我们最深的悲哀整整一生我们辛勤种
植幸福却无法攀采）

幕落后所有的泪水是不是都必须吞回下一场的
演出再也不会有我们发言的机会历史偏离我们
的记忆越来越远却从来不见有哪一个编剧者肯
向这世界致歉若是你还能听见我高亢的歌声传
过水面传遍旷野请你一定要记得幕落之前我们

彼此狂热的寻求曾经怎样穿越过那些黑暗的夜
即或是已经明白了没有任何现实可以接近我们
卑微的梦想没有一块土地可以让我们静静憩息
当作是心灵的故乡。

(这也是我们最深的困惑整整一生都要在自己
的家园里扮演着永远的异乡人)

1988.5.8

留言

1

在惊诧与追怀中走过的我们
却没察觉出那微微的叹息已成留言

这就是最后最温柔的片段了吗　当想及
人类正在同时以怎样的速度奔向死亡

二月过后又有六月的芬芳
在纸上我慢慢追溯设法挽留时光
季节不断运转　宇宙对地球保持静观
一切都还未发生一切为什么都已过去
山樱的枝桠间总好像会唤起些什么记忆
我反复揣摩　用极慢的动作
寻找那些可以掩藏又可以发掘的角落

将远方战争与饥荒的暗影减到最低

将迟疑的期许在静夜里化作诗句

2

这就是最后最温柔的片段了吗　当想及

人类正在同时以怎样的速度奔向死亡

初雪已降下　可是对于美　对于彼此

对于激情真正的诱因还是一无所知

在每一盏灯下细细写成的诗篇

到底是不是每一颗心里真正想要寻找的

想要让这世界知道并且相信的语言

要深深地相信啊　不然

还能有些什么意义　初雪已降下

当谎骗已经习惯于自身优雅细致的形态

当生活已经变成了一处精心设计的舞台

我要怎样才能在众人之前

向你举杯而不显得突兀

要怎样才能坚持自己的信仰不是错误

3

这就是最后最温柔的片段了吗　当想及
人类正在同时以怎样的速度奔向死亡

可是　黎明从来没有真正苏醒
当黑夜从来没有真正来临
这身后走过的荒漠是太辽阔与沉默了吧
为什么即使已经是结伴同行
每一个人依然不肯说出自己真正的姓名

从此去横渡那深不可测的海洋
翻覆将是必然的下场
舟子无法想象的岛屿要如何去测定方位
我只听说越过崇高巨浪的颤栗是份狂喜
听说　登上绝美的彼岸只有屏息
雾起与月出时的孤独之感从未能言传
而无论我怎样努力　也永远不能

在海风里向你精确地说出我的原意

4

"啊！给我们语言到底是为了
禁锢还是为了释放？"

这就是最后最温柔的辰光了吗　当想及
人类正在同时以怎样的速度奔向死亡

波涛不断向我涌来
我是蝼蚁决心要横过这汪洋的海
最初虽是你诱使我酩酊诱使我疯狂
让尼采作证
最后是我微笑着含泪
　　　　　没顶于

　　　　　　去探访

　　　　　　　你的路上

1988. 2. 24

篇三

野姜花

流水

生命中发着亮光的时刻宛如流水

诗已是本体　并不需要

刻意去复习　水声潺潺

无论是微笑与拥抱

都有着非常悦耳的韵脚

单纯的话语贯穿过峡谷与森林

在任何一处清凉的树阴下　都可以

凝神倾听　少年的梦想啊也如流水

在一年初始的季节

滚滚翻腾而去　带着

青草和泥土的芳香

不知道要流向何方

1988. 12. 1

刻痕

从雾里出现　又再消失在雾里
那一路唱着歌怎样也不肯停下来的
歌者啊　其实
还是留下了一些痕迹
在湿润洁净的砂粒之间

如果你愿意在水边静静俯首
细看那砂质的河床　映着天光
在与你微笑的倒影重叠的地方
流动的躯体其实已经
在砂粒间刻划出无数细微的起伏纹路
在光与影之间　记载着
碰触之时的颤动
和　割舍之时的缠绵

1988. 1. 15

创作者

我们用文字　将海浪固定

将记忆钉死　努力记述

许多轮廓模糊的昨日　然后

装订成册

静待那银灰色微微闪亮的蠹虫的来临

可是　水与岩石从不肯如此

在永远的流动与冲激之中

他们不断描绘并且修正

那时光的

面容

1988. 11. 15

控诉

是谁挪用了你原来的

文字　是谁

掠夺了我真正的诗

是谁　在汹涌的激流里轰然狂笑

卷走了所有年轻的心在夜里曾经一笔一笔

含泪记下的初稿

是谁啊　把记忆冲刷成千疮百孔

再默默地藏身在岁月逐渐湮灭的隙缝之中

1988. 12. 10

石头的坏习惯

我开始学会了自问自答　在面对
或者背对着寂寞的时候

为什么　白色的云朵
总选择在极蓝的天空上漂泊

秋日的林间想必正如锦绣
有没有谁又约了谁正在树下等候

阳光迟迟不肯走进峡谷
在遥远的山峦上那片小小的黑影
是一只鹰吗
是不是正临风伸展双翼
缓慢而又倾斜地　掠过峰顶

1989. 4. 17

野姜花

孤独的天使　你从哪里来
又要飞往哪里

难道这漂泊永无终止？

孤独的天使　启程之后你的心中
是不是还会藏有一些淡淡的气味与颜色
你会不会记得
在刚下过雨的河岸上
你曾经将我与昨日都留下
还有一行未曾采撷的野姜花

1989．6．22

极短篇

微凉的清晨　在极浅的梦境中

我总是会重复梦见

你渐行渐远冷漠和忧伤的面容

而梦里星空皎洁　一如那夜

那夜在山中我们正微笑欣喜于初次的相逢

1989. 6. 22

新泉

凝神静听

那钟声正穿过深暗丛林

穿过泥泞的昨夜　穿过

我们亲手将它植满荆棘的岁月

仿佛　是生命里

最沉静的时刻　有所领悟

有所盼望　在揭晓之前

满足与了解

正聚集成一种新鲜的形象

那么　请原谅我不想去注意

阴影里你的悲伤和迟疑

即或是你终于流下了泪

我也要　把它看作是

雪融之后从高山上流下的泉水

1987

玛瑙湖

没有理由　除非是

为了引诱你回头

才以这最后的荒旱枯竭的结局

向你显露出　那一直深藏在

我胸怀间的美丽记忆

当温柔与壮烈同是一个女子的性格

从此　就别无抉择

这是湖泊最后的愿望

是我整个一生的孤注一掷

请尽情捡拾吧

现在也不能说是太迟　毕竟

你终于知道了我的心事

——蒙古高原上一处人迹罕至的湖泊"淇格诺尔",近日突然干涸,

才发现湖底铺满了玛瑙宝石。

1987

篇四

绿绣眼

母亲

莫伤我心啊　孩子

虽然　无论怎么样的刺痛我都会

原谅你

妇人说完　才发现

她的已经不在了的母亲

也曾经对她说过同样的话

风疾云低　那满山的颤抖着的树木

有谁能够知道　在一回首之间

是隔着怎么样的刺痛　隔着

怎么样的　无限荒凉辽阔的距离

1995. 4. 22

绿绣眼

在战争与战争之间
我们欢然构筑繁华的城市
在毁灭与毁灭之间
我们慎重地相遇相爱　生养繁殖

在昨夜暴风雨之后悄然坠落的
是一整个春季曾经热烈营造过的梦想和远景
这圆满完整编织细密的小小绿绣眼的窝巢啊
此刻沉默地置身于我悲悯的掌心

林间有微风若无其事地轻轻拂过
是谁　正在叹息
正在极远极蓝的穹苍之上
无限悲悯地　俯视着我

1995．4．20

试炼

差别应该还是存在的吧　不然

为什么总有人能从真相边缘飞掠而过毫发无伤

却也总有人　从此沉沦

可惜的是　我们从来无法预先测试

你的和我的灵魂的品质

只好任由事件发生再逐步开展

只好在多年之后　任由

那些不相干的旁观者前来匆匆翻阅

或者惊叹或者扼腕：

——看哪

　　谁到最后终于全身而退

　　而谁　谁又在一开始的时候就是

美且易碎

1990. 10. 16

给黄金少年

(一群刚上中学的少年排队走过，领队说停，每个人就惶惶然站在我对面的十字街头。

头发已经是一样的模式了，相似得不能再相似。身上穿的衣服也完全相同，甚至学号绣的宽窄也有讲究。他们都很沉默，因为按规定在队伍中是不可以开口。)

我不知道

为什么我要流下泪来

这里面会有我的孩子吗

如果真有　请你告诉我

那个昨天还有着狡黠的笑容

说话像是寓言与诗篇的孩子

那个像小树一样　像流泉一样

在我眼前奔跑着长大了的孩子啊

到什么地方去了

1987. 11. 18

点着灯的家

——给云门"家族合唱"

其实　我们

所求卑微　不过只是希望

孩子都能平安长大

在每个温暖的节庆里

在每张泛黄的相片里　我们

都能紧紧地搂着他

其实　我们

所求卑微　不过只是希望

能够有段无怨无惊的岁月

有片可以耕种的田野

有些知心的友伴　有些

可以诉说可以互相交换的期盼

于是　眼神专注　微笑慢慢绽放

我们在镜头之前或是端坐或是拥抱

慎重地留下　几张

将来也许可以传给子孙的家族合照

只是　恐怕无人

无人曾经设想过如今夜这般的际遇

记忆被放大成千百倍

在空旷的舞台上方彼此重叠

曾经是那样慎重和专注的期许

在千人万人的眼里　随着光影

忽而显现　忽而湮灭

舞吧　舞者　请舞进昔日

请用你们年轻柔软的躯体

将纠结的环扣好好安置

不管是要解开还是重新系起

请让这岛屿的伤痛终于成歌成诗

仿佛有些鼓声重重地敲击

仿佛有些呼唤　温柔婉转

仿佛有风始终不停地翻动

这一页页悲苦的曲谱唱进了我们心中

当幕落时刻　那些

点亮了的水灯被拖曳着划过舞台

所有从战争的阴霾里走过来的

婴孩　在半个世纪之后

在此刻　或许都不禁悲从中来

其实　我们

所求何其卑微

人生一世　辗转天涯

想保有的不过就是像这样一小间的

点着灯的房子

一小间的　点着灯的家

1997. 10. 16

和平歌

这个世界，怎么像是虚构的情节？

那张印着歌词的纸不大　刚好

可以让他在唱完了歌之后折上两折

放进胸前的衣袋里　刚好

可以被稍后的那颗阿姆弹

洞穿　溅血　慢慢地

染成一张在美学上无懈可击的作品

主题是空虚的语言　背景是

染血的平原　那黑洞是永远的痛

构图均衡　构思完美　刚好

可以展示在他的葬礼上引人落泪

(拉宾被刺之后，以色列的孩子们还会唱那首和平歌吗?)

1995. 12. 21

植树节之后

如果要用行动
来挽留这濒临幻灭的一切

我同意你　朋友
写一首诗其实真的不如
去种　一棵树

如果全世界的诗人都肯去种树
就不必再造纸

月亮出来的时候
每一座安静的丛林　就都会充满了
一首又一首
耐读的诗

1988. 5. 8

夏夜的要素

初时　我并不知道只能如此
我总以为宇宙会让我们予取予求

我此刻重新回想的
那些夏夜　充满了月光
充满了树影溪声和青草的芳香
林间总有照路的萤火虫　水边总有
从河面不断吹来的习习凉风
生命确实给付过所有的机会
好让我们再来一一弃置　一一荒废

只有在重新回想的此刻　才能明白
组成一个美丽夜晚的要素
既如此简单　又　如此艰难

1988

篇五

鸢尾花

请柬

——给读诗的人

我们去看烟火好吗?

去　去看那

繁花之中如何再生繁花

梦境之上如何再现梦境

让我们并肩走过荒凉的河岸仰望夜空

生命的狂喜与刺痛

都在这顷刻

宛如烟火

1989. 5. 22

鸢尾花

请保持静默，永远不要再回答我。

终究必须离去　这柔媚清朗

有着微微湿润的风的春日

这周遭光亮细致并且不厌其烦地

呈现着所有生命过程的世界

即使是把微小的欢悦努力扩大

把凝神品味着的

平静的幸福尽量延长

那从起点到终点之间

如谜一般的距离依旧无法丈量

（这无垠的孤独啊　这必须的担负）

所有的记忆离我并不很远

就在我们曾经同行过的苔痕映照静寂的林间

可是　有一种不能确知的心情即使是

寻找到了适当的字句也逐渐无法再驾御

到了最后　我之于你

一如深紫色的鸢尾花之于这个春季

终究仍要互相背弃

(而此刻这耽美于极度的时光啊　终成绝响)

1989.5.7

沉思者

是什么　只让水波欢跃向前

却让我们逐渐退缩

逐渐变得沉缓与冷漠

是什么　让激动喜悦的心逐日远去

换成了一种隐秘的沉重的负荷

(你坚持要筑起的堤防让我心伤)

这是河流最后的一个问题

是我最后的一首歌

我终于来到了生命的出海口

留在身后的

是那曾经湍急奔流过的悲喜

是那曾经全力以赴　纵使粉身碎骨

也要挣扎着向你剖白过的自己

还有那些荒莽的岁月　荒莽的夜

（那在远方反复呼唤着我的山野）

沿着峰峦与溪谷蜿蜒而下

再蜿蜒而上　思绪总是停顿在

每一处微微转折的地方

仿佛又听见满山的树丛在风中呻吟颤动

野姜花香气散漫

月色随着奔逐的云朵静静开展

（为什么那鲜活的昨日　一定

要一寸一寸地将自己变成苍茫旧事）

而现在　是海

无边无际的浪涛正迎面而来

山林沉默不语逐渐退后逐渐远离

（远离　是不是就会逐渐平息）

沙岸上无人理会我的问话

只有时光　用它永恒的沉思

作为给我的回答

1987.7.7

光的笔记　四则

假说

被所有的光都拒绝了之后
黑暗便开始显现
（一如思想中那些既定的概念）
威胁着要进入一切的容器
然后成为永远不再改变的固体

我于是决心点燃起自己来寻找你

设定

我并没有哭泣　可是
你为什么总在
我将要开启的下一扇门再下一扇门
之外

行动似乎从未终止

只是时间顺延

所谓光明远景　难道真的是

一场刚好持续了一生的哄骗

实验

不想重复　却又

不得不重叠

白昼间努力追随着你的种种举止

在夜里以细微的差距都进入了我的诗

一直忘了问你

在皮影戏里最曲折动人的剧情

到底是光　还是那影子

结论

夏夜的星空

只上演悲剧

当那闪耀炫目的讯息

终于传达到我的心里

你在千万光年距离之外的星体

其实早已熄灭　冷却

而我那狂喜地回答着的光芒啊

却还毫不知情　还正在

急急向着你奔去的路上

1988. 4. 18

旅程

逍遥兮，由黑暗至于灿烂；
逍遥兮，由灿烂至于黑暗。

——唱赞奥义书

所有我曾经得到过的
终于都要还赠给你
不管我多么珍惜　不管
我多么不愿意

这已是行程的终点　虽然
出发时召唤的鼓声还正如火种
在我心中轻轻跃动
而那些墨迹未干的诗篇
转瞬之间读来竟都成谶言

（我只是到现在还不能明白
从何时何处开始曾经那样
惊心动魄的海洋忽然静止
奔流的溪涧停歇繁花寂灭
仿佛是有人不待终场就转
身离去好把完整的孤寂都
留给他自己而你该知道我
多希望能留下那晚的月光
多希望能与你同行而前方
的路途还正悠长在十字路
口几度踟蹰多希望你能停
步容我修改那些不断发生
的错误昨夜那些燃烧着的
诗句还正炽烈光焰照耀四
野你曾经是我辉煌明丽的
世界当每一回顾缤纷花树
还历历在目而时光却用狂
猛的速度前来将一切结束
只剩下胸怀间隐隐的疼痛

我不禁要惊惧自问是何种

试探将周遭变成如此黑暗）

这已是行程的终点

回首时平原尽头只剩下云朵仓促

飞掠过一处又一处

荒芜的庭园

在那里我曾经种下无数的希望

并且也都曾经

在我无法察觉的时刻

逐一绽放

"呼唤与被呼唤的

总是要彼此错过"

等待与被等待的也是一样

从此我能栽种与收获的只有记忆

是不是　到了最后

终于　也都要含泪还赠给你

1987. 8. 10

静夜

天使依然在每一夜前来

带着不能延续的记忆

从静静的夜空静静坠落

如星光逐点熄灭

而我依然爱你

想必你应该也知道并且同意

虽然　你及时明白了

那种晕眩的喜悦正是翻覆沉溺的开始

虽然　在你的海上

一切风云的涌动都早已被禁止

1987. 12. 22

月光曲

据说　用月光取暖的女子从不受伤
有处旷野容许她重新长出枝叶

学会了煞有介事地遗忘　学会了
转身再转身然后重新开始
学会了聆听所有语言里不同的音节
学会了像别人一样也用密码去写诗

让欲望停顿在结局之前的地方
将巨大的精心绘制的蓝图寄放在
山冈高处
他的白木屋里向晚微微暗去的墙上

1991. 5. 22

去夏五则

1

我仓惶回首

想你在那瞬间也读出我眼中急迫的哀求

然而　你的箭已离弓

正横过近午万里无云的天空

2

真相突然出现如坠落的鸿雁消失在草丛之间

3

仿佛童年为了准备第一次的远足

收拾好所有的美德包括谦让忍耐和期待

都放进野餐盒里然后才入睡

翌日　暴雨如注

4

果真没有什么可以永远燃烧下去的吗

即使燎原之后依旧要复归于灰烬

即使今生仍然相爱想必我们心中也不敢置信

5

若有泪如雨　待我洒遍这干渴丛林

让藤蔓攀援让苔藓层层包裹让浓雾终日弥漫

封锁住　那通往去夏的　山径

1987. 7. 27

预言

你不得不同意　即使是从此别离

即使　我们已经

妥善收藏起一切的激情与悲喜

(记忆如利剑轻轻滑进鞘中　从此尘封的

是那在日里夜里都包裹着的面容)

而前路上依然会有那不可预见的埋伏

在黑暗中等待着一次又一次铮然的闪出

等待着一次又一次

锋利冰冷的切割　我爱

那微颤微寒而确实又微带甘美的伤口啊

请你　请你一定要小心触摸

1987．7．4

秋来之后

历史只是一次又一次意外的记载，诗，是为此而
补赎的爱。

当月光再次铺满你来时的山径

希望你能够相信

我已痊愈　自逃亡的意念

自改装易容隐姓埋名以及种种渴望的边缘

自慌乱的心　自乞怜的命运

自百般更动也难以为继的剧情

自这世间绝对温柔也绝对锋利的伤害

若说秋来　没有人能比我更加明白

总有些疏林会将叶落尽

总有些梦想要从此沉埋　总有些生命

坚持要独自在暗影里变化着色彩与肌理

我会记得你的警告

从此严守那观望与想象的距离

永不再进入　事件的深处

不沾忧愁的河水　不摘悔恨的果实

当月光再次铺满你离去时的山径

不知道你愿不愿意相信

但是我确实已经痊愈　已经学会

不再替真相辩解任由它湮灭一如落叶

并且不断删节　那些多余的心事

（多余的徒然在前路上刺人肌肤的枯枝）

在秋来之后的岁月里　我

几乎可以　被错认是

一个无可救药的乐观女子

1987. 11. 8

谢函

修书致谢的此刻我对你既陌生而又熟悉心中充
满了感激永恒原非那样的不可触摸其实你一直
在暗示着我挥剑的功用可使断裂的部分从此与
众不同舍去寒暄问候与微微有些停顿迟疑的应
答之后毕竟还能留下某种温柔心绪如薄暮时分
的云朵掠过边城。

此刻我闭目试想多年之后我再回来重新审视这
时间的长廊我将记起那初时的明月光皎洁清亮
也许才能领会为什么所有的诱惑在现身之时都
美得令人绝望。

而我也并非全然无辜当危险的意念逐渐酝酿成
形如花纹斑斓游走于洞穴底层的蛇身在我心中
互相交缠我却佯作不知继续前行终于来到了湿

热黑暗的丛林我已无退路不得不回身昂首吐信向你试探于是冰霜骤降江河逆向这就是神话里最后毁灭的一章。

当然接着下去还有复活洪水退去舟船重新停泊云雾散尽才发现还有许多通路通向辽阔未知的荒漠只是我们正在中途无权去挥霍那些可能发生的错误在金色的斜阳里有一层阴影已经深入肌肤。

课程到此结束你是否觉得如释重负只请你记得我曾经怎样努力学习我愿意停步化作激流旁面目相同的风景向后急速退去只留下山谷中野风的回音如果你偶尔倾听然后微笑那是因为你知道我已经学会了一切规则并且终于相信生命只能在诗篇中尽兴。

1988. 3. 31

美丽新世界

那逐渐成形的习惯　都是墙吗
那么　那日夜累积起来的禁忌
就都是网了

我们终于得以和一切隔离
诸如忧伤喜悦以及种种有害无益的情绪
从此　在心中纵横交错的
都是光亮的轨道
河川无菌　血液也一样

即使你终于出现　也无从改变
在等待中消失了的那些
已经不能再描绘所有的细节
在一无杂树的林间
一无杂念的午后　即使

你说出了你的名字

即使你胸怀间还留有前生的烙印

我也再无从回答　无从辨识

1987. 3. 26

镜前

一如那　瓶插的百合

今夜已与过往完全分隔

既喜于自身的

玉洁冰清　又悲

时光的永不回转

窗外无边静寂　月出东山

在镜前　不禁

微微追悔

那些曾经被我弃绝的

千种试探

1987. 3. 25

礼物

给你的礼物其实并不需要拆封

一如你给过我的那些记忆

（在潮湿的轻雾中绽放的花树

在黑暗的山路上啊那袭人的芳馥）

请含笑收下　请为我稍稍留步

即或只是这一盏茶的时光

即或只是这一转身默然的相对与交会

我只是想要告诉你

有一个夏天的夜晚从来不曾远去

千里迢迢　我只是前来向你宣告

多年之前不能确定的答案如今终于揭晓

就请含笑收下吧不必拆封　今夜别后

我们生命里总有一部分会不断地

在花荫之中　重逢

1990. 11. 30

篇六 盐漂浮草

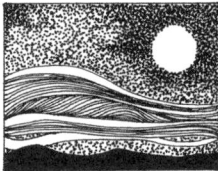

交易

他们告诉我唐朝的时候
一匹北方的马换四十匹绢

我今天空有四十年的时光
要向谁去
要向谁去换回那一片
北方的　草原

1987. 12. 21

大雁之歌

——写给碎裂的高原

祖先深爱的土地已经是别人的了

可是　天空还在

子孙勇猛的躯体也不再能是自己的了

可是　灵魂还在

黄金般贵重的历史都被人涂改了

可是　记忆还在

我们因此而总是不能不沉默地注视着你

每当你在苍天之上缓缓舒展双翼就会

刺痛我们的灵魂掀开我们的记忆

背负着忧愁的大雁啊

你要飞向哪里？

背负着忧愁的大雁啊

你要飞向哪里？

1994．6．8

乌里雅苏台

——为什么我永远不能在二十岁的一个夏日微笑
着刚好路过这个城市？

三杯酒后　翻开书来
"乌里雅苏台的意思　就是
多杨柳的地方"
父亲解释过后的地名就添了一种
温暖的芳香

早年从张家口带一封信到新疆伊犁
这里是一定要经过的
三音诺颜汗的首邑
杨柳枝在夏日　织成深深浅浅的
陷阱　缠绕过多少旅人的心

父亲　为什么我不能

让一切重新开始　那时柳色青青

整个世界还藏着许多新鲜的明日

还藏着许多许多

未知的　故事

1987

盐漂浮草

总是在寻找着归属的位置

虽然

漂浮一直是我的名字

我依然渴望

一点点的牵连

一点点的默许

一块可以彼此靠近的土地

让我生

让我死　同时

在这之间

在迎风的岩礁上

让我用爱来繁殖

1986. 11. 1

祖训

——成吉思可汗："不要因为路远而踌躇，只要
去，就必到达。"

就这样一直走下去吧

不许流泪　不许回头

在英雄的传记里　我们

从来不说他的软弱和忧愁

就这样一直走下去吧

在风沙的路上

要护住心中那点燃着的盼望

若是遇到族人聚居的地方

就当作是家乡

要这样去告诉孩子们的孩子

从斡难河美丽母亲的源头

一直走过来的我们啊

走得再远　也从来不会

真正离开那青碧青碧的草原

1987．12．28

野马

逐日进逼的　是那越来越紧的桎梏

逐日消失的　是那苦苦挣扎着的力量

逐日封闭的　是记忆的狭窄通道

逐日远去的　是恍惚中的花香与星光

逐日成形的　是我从兹安静与驯服的一生

只剩下疾风还在黑夜的梦里咆哮

(有谁能听见我的嘶叫生命的悲声呼号?)

无法止息的热泪　无法止息的渴望啊

只有在黑夜的梦里

我的灵魂才能复活　还原为一匹野马

向着你　向着北方的旷野狂奔而去

1994．7．24

漂泊的湖

——罗布泊记

楼兰已毁　尽管

那里曾经有过多少难舍的爱

多少细细堆砌而成的我们

难舍的繁华

当你执意要做善变的河流

我就只能

成为那迁移无定的湖了

而我并没有忘记　每个月夜

我都在月光下记录着水文的痕迹

为的是好在千年之后

重回原处　等你

1987

祭

——为内蒙古作家达木林先生逝世周年献诗

在火焰熄灭了之后　我们

才开始怀想

你那曾经热烈燃烧过的灵魂

在歌声消失了之后　我们

才开始明白

那欢乐旋律其实来自斑驳的伤痕

所有的光明与荣耀都与你无缘

一生的流离颠沛　一生的血泪

亲爱的朋友啊　你

是个生不逢辰的蒙古人

如今你的名字是一首喑哑的诗

正在高原上沉默地传唱

青青草原逐日枯萎

天高云低　众心伤悲

为什么　凡是美好的必被掠夺？

凡是我们珍惜的必遭摧毁？

1994. 8. 8

蒙文课

——内蒙古篇

斯琴是智慧　哈斯是玉

赛痕和高娃都等于美丽

如果我们把女儿叫作

斯琴高娃和哈斯高娃　其实

就一如你家的美慧和美玉

额赫奥仁是国　巴特勒是英雄

所以　你我之间

有些心愿几乎完全相同

我们给男孩取名奥鲁丝温巴特勒

你们也常常喜欢叫他　国雄

鄂慕格尼讷是悲伤　巴雅丝纳是欣喜

海日楞是去爱　嘉嫩是去恨

如果你们是有悲有喜有血有肉的生命

我们难道就不是

有歌有泪有渴望也有梦想的灵魂

（当你独自前来我们也许

可以成为一生的挚友

为什么　当你隐入群体

我们却必须世代为敌？）

腾格里是苍天　以赫奥仁是大地

呼德诺得格　专指这高原上的草场

我们先祖独有的疆域

在这里人与自然彼此善待　曾经

有上苍最深的爱是碧绿的生命之海

俄斯塔荷是消灭　苏诺格呼是毁坏

尼勒布苏是泪　一切的美好成灰

（当你独自前来

这草原可以是你一生的狂喜

为什么　当你隐入群体

却成为草原的梦魇和仇敌?)

风沙逐渐逼近　征象已经如此显明

你为什么依旧不肯相信

在戈壁之南　终必会有千年的干旱

尼勒布苏无尽的泪

一切的美好　成灰

1996. 7. 18 初稿

1999. 2. 5 修订

大雾

　　——献给父亲

不能穿越的

是我心中的迷雾

虽然　这屋内屋外明亮晴朗

一如往常

这温暖的空间里还充满了

您刚刚点燃过的烟草的香味

几支特别钟爱的烟斗还罗列在案头

灯下　最后合上的书页间还夹着

那张用了多年的灰绿色的书签

留在椅背上的羊毛衣里

还有您留下的体温

这身边和眼前的一切　好像

都还不准备去做些什么改变

让我以为　这里还是

我熟悉和亲爱的往昔

往昔　在当时也没有特别珍惜

直到此刻　弟弟和我

将您的骨灰盒放在临窗的书桌上

才忽然惊觉　大雾弥漫

惊觉于一切的永不复返

(这里就是终点了吗　可是还有

多少未了的愿望都被弃置在长路上

更别提那最初最早的草原　繁星满天

那少年在黑夜的梦里骑着骏马

曾经一再重回　一再呼唤过的家园)

书桌临窗　陪伴了您后半生的时光

在异国的土地上您研究和讲授原乡

窗外　是您常常眺望的风景

近处那几株高大的栗子树　叶已落尽

树梢几乎要伸进露台

远方平林漠漠　在我们身后

十二月的莱茵河　想必

正带着满溢的波光穿林而过

不能穿越的

是这隔绝着生死的大雾

是站在雾中的我这既无知无识

又张皇失措的痛楚

美丽的灵魂会不会在旷野上迷途

父亲啊　我很想知道

在您的骨灰里

留下的是哪些难合的光影和记忆

(是那在战火里奔逃

却依然能爱过缱绻过的华年?

是怀中幼儿天真的笑靥　纵然

他们都生在汉地不识母语不知根源?

是那和同胞一起挣扎过冀求过

却依旧成空的自治和自主？

是哭过痛过　终于只能

为她撕裂了一生的高原故土？

是那逐渐变得沉默和黯淡的理想？

还是那学会了遗忘　学会了

在一切的边缘寄居

好能安静度日的最后的时光？）

父亲　明天清晨我们就会动身

沿着河岸南下　再飞回那岛屿上的家

母亲早已经安息在向北的山坡上

在植满了红山茶和含笑的墓园里

我们也准备好了给您歇息的地方

黑色的大理石墓碑上刻着金色的字

不过仅只能刻上您生于清宣统三年

逝于民国八十七年的初冬

却绝不可能清楚记述

您和母亲这一生是如何的漂泊流离

如何的　梦想成空

不能穿越的
是我心中的迷雾　是这漫漫长路
窗外　斜阳里群鸟归巢
父亲啊　我真的很想知道

到了最后　即使只能成灰成尘
我们是不是也必须像您一样

慎重而又坚持地
在边缘上　度过一生

1999.3.10 于父亲逝世百日写成

114

颠倒四行

用镜子描摹欲望　用时间
改写长路上的忧伤

用沉默去掩埋一生的错愕
用漂泊来彰显故乡

1998. 2. 10

篇七　蝴蝶兰

自白书

1

我的真实
是我的不真实的梦

我的不真实
就都在这里了

2

我的悔改
是我这从此不肯再悔改的决心

我的不悔改
便是如此

1988. 4. 3

晚餐

点起所有的灯烛　铺上细柔的桌布
摆好去年夏天从远方带回来的碗盘
已经在我心里窥伺着的陌生人啊
我想你应该也会同意
此刻这屋内是多么明亮而又温暖

酒是贮存了半生的佳酿
杯是传说里的夜光　年少时的浅淡和青涩
在回味的杯底　都成了无限甘美的话题
已经在我心里徘徊着的陌生人啊

其实我向你要求的并不太多
就只是眼前这一处安静的角落
看微笑微醺的他频频向我举杯
那与昔日一样温柔的凝视令人心醉

我当然知道窗外暮色正逐渐逼近

黑暗即将来临　但是

已经在我心里盘踞着的陌生人啊

可不可以请你稍迟　稍迟再来敲门

此刻这屋内是多么明亮而又温暖

我正在和我的时间共进晚餐

1994．5．21

蝴蝶兰

与那多雨多雾的昔日已经隔得很远
如今她低眉垂首驯养在我洁净的窗前
曾经是那样狂野的
白色原生种的蝴蝶兰啊
是不是还有些欲望在梦里继续滋长
是不是还有些记忆　不肯还给荒莽

互不相涉了　那过往如此宣告
而她知不知道
那如蝶翅般微微颤动着的花瓣只能
等待坠落　在一些无人察觉的时刻
像透明的月光终于会离开寒夜的杉林
像你　终于离开了我寂静的心

1995. 12. 17

生命之歌

如今　必须是在夜里

当黑夜占据了最大的位置

必须是在路上　有灯光不断闪烁的地方

必须是在疾驶的车中忽然出现

一段如流水般的慢板　低沉而又舒缓

（也许是陌生的旋律那忧伤却极为熟悉）

如今　必须是一种无法抵挡的内里的疼痛

如此尖锐又如此甘美

才会让在黑夜里急着赶路的我

慢慢地流下泪来

久违了的泪水啊久违了的疼痛

那是我沉默的灵魂重来探访端坐在我的心中

当黑暗已经占据了最大的位置

生命里到底还有些什么不肯消失的渴求

明知徒然却依旧如此徘徊不舍地一再稽留

时光其实已成汪洋淹没了所有的痕迹

今夕何夕　我是何人为何在此哭泣？

1997．2．10

妇人之言

我　原是因为这不能控制的一切而爱你

无从描摹的颤抖着的欲望
紧紧闷藏在胸中　爆发以突然的泪

繁花乍放如雪　漫山遍野
风从每一处沉睡的深谷中呼啸前来
啊　这无限丰饶的世界
这令人晕眩呻吟的江海涌动
这令人目盲的
何等光明灿烂高不可及的星空

只有那时刻跟随着我的寂寞小能明白
其实　我一直都在静静等待
等待花落　风止　泽竭　星灭

等待所有奢华的感觉终于都进入记忆

我才能向你说明

我　原是因为这终必消逝的一切而爱你

1995. 4. 21

备战人生

那极端的柔弱是给婴儿用的
热烈与无邪的笑容给孩童
如丝缎一样光滑的肌肤　如海边的
鹅卵石那样洁净的气味给少年
如蔷薇如玫瑰如栀子花的芳馥美丽
都要无限量地供应给十六岁的少女

这是生命不得不使用的武器
为了求得珍惜求得怜爱
给那渴望生长渴望繁殖的躯体

而在长路的中途　装备越来越重
那始终不曾自由飞翔过的翅膀
在暮色中不安地扇动　直指我心
铸满了悔恨与背叛的箭矢已经离弓

划过如焰火般的晚霞　当夕阳落下

美德啊　你是我最后的盔甲

1996. 7. 22

短笺

有谁会将诗集放在行囊里离去

等待在独居的旅舍枕边

一页一页地翻开

灯熄之后　窗里窗外

宇宙正在不停地销蚀崩坏

这一生实在太短

拿不出任何美丽的信物可以与你交换

虽然　在莲荷的深处

我曾经试过　我确实曾经试过啊

要对你　丁倍偿还

1988．9．8

恍如一梦

一枚旧日的印章

用上好的朱砂印泥留在

逐渐变黄了的宣纸上

记忆　也逐渐成为一种收藏

分门别类地放置　等待展示

那越久远的越是占据着显眼的位置

譬如年少时学会的那首歌——你可记得

春花路初相遇　往事难忘往事难忘

但是　难忘的到底是些什么呢

能记得的也就只有这么多了

像一枚旧日的印章　几个

细细的篆字

恍如一梦　留此为凭

1998. 7. 9

风景

——敬呈诗人痖弦

诗　其实早已经写好了

千百年后

诗中只留下了你纯净的心　那时

谁还会去追问

诗成之时的你的年龄

诗　其实早已经写好了

千百年后　也不断会有

年轻的灵魂在深渊之中苏醒

一切过往历历如晴川上的野树

只有诗人　才能碰触

只有诗人　才能带领我们

跨越那黑暗而又光耀的时空边界

包括那些隐秘的追随与背叛　那些

总是飘浮着木樨香气的清晨和夜晚

以及　我们如何学会了

用真诚的语言和自己交谈向远方呼唤

河川平缓　岁月无惊

呼唤所不及之处　如今都成风景

一切过往历历如晴川上的野树

且让我们来呵护这一颗静观的心

在短暂的踟蹰间　仿佛

只是从这一页转到

下一页的空白之前

是谁让我瞥见了生命的原形

诗　其实早已写成留待后世吟诵

然而这却也正是诗人用一生来面对的

荒谬与疼痛

1998. 9. 9

深秋

可以挥霍悲伤的日子已经过去了

走过中途　当一切真相迎面逼来
我们其实只能　噤声回避

即使是一滴泪水　也成干扰
必须把柔弱的心打造成铜墙铁壁
不泄露　也不再接收
任何与主题有关的讯息

要到了秋深才能领会
活着　就是盛宴

如果能够互相告诫
让河流与海洋从此都不起波澜

这天赐的余生就再无亏欠

看哪　我爱　在你我的窗外

早上有雾　晚上或许有月光

生命依然丰美热烈　运转如常

1998. 11. 14

边缘光影

——给喻丽清

多年之后　你在诗中质疑爱情

却还记得那棵开花的树　落英似雪……

美　原来等候在爱的边缘

是悄然坠落时那斑驳交错的光影

是一瞬间的分心　却藏得更深

原来人生只合虚度

譬如盛夏疯狂的蝉鸣　譬如花开花谢

譬如无人的旷野间那一轮皓月

譬如整座松林在阳光蒸腾下的芳香

譬如林中的你

如何微笑着向我慢慢走来　衣裙洁白

依旧在那年夏天的风中微微飘动

仿佛完全无视于此刻的　桑田沧海

1996. 7. 22

附录　评论两家及后记

由繁花说起

王鼎钧

诗人席慕蓉教授最近出版的《一日·一生》里，有一首诗以看烟火作比兴，说是要看：

> 繁花之中如何再生繁花
>
> 梦境之上如何再现梦境

两句并列对映，有骈体余韵。两句也互为譬喻，以繁花喻梦境，以梦境喻繁花。诗题是《给读诗的人》，所以繁花梦境又是诗的比喻，那么"再生繁花"、"再现梦境"应该不仅是对客观景象的欣赏，还有主观诗心的孳息，顺理成章地联想下去，诗里再孕育出诗来。加拿大一位研究神话原型的批评家说，"诗只能由其他诗中产生，小说只能由其他小说中产生"。如此说来，席慕蓉女士这首诗，不仅是给读诗的人，也是给写诗的人。

这番话是不是头绪太多了？也许，繁花，梦境，本是迷人的意象，经过字面的前后重叠，句法的彼此呼唤，读来眼耳心意交叉使用，以致下注也"同气连枝，分解不易"，幸而未造成"理还乱"的状况，因为这两句诗的意义虽然密度甚大，文字形式却极为疏朗，令人过目成诵，牢记不忘。人人知道这"疏朗"是主词重复和句型雷同造成的，可是那取之不尽的内涵又是怎么来的？这就是"诗"的不可思议。

在另一首诗里，诗人席慕蓉说，一小块明矾可以使一缸水沉淀澄清，那么：

> 如果在我们心中
>
> 放进一首诗
>
> 是不是也可以
>
> 沉淀出所有的　昨日

虽然是用商量的语气，我想这就是她的诗学，她也（在这本最新的诗集里面）如此做了。鲁迅曾经说，他自己写杂文时好似把水搅动，使下面的沉淀泛起，他想象泛起的东西里有死鱼带血的鳞片。他也如此做了,如果可以自由选择,我追求的是沉淀,因为我不是革命家。

在"沉淀"之前,诗人有时也"搅起"。例如那首《鹰》:

> 我只是想再次行过幽径　静静探视
>
> 那在极深极暗的林间轻啄着伤口的
>
> 鹰
>
> 当山空月明　当一切都已澄净

原诗连题共八行,以黑色的长条衬底,反白植字,如见林隙间洒下来的月光。其中一行全黑,也可以视同诗句,其地位好比国画"留白"。原诗横排(必须横排),长行中有空格,把顿挫释放出来,视线左右移动如读乐谱。全诗读完,这才看见大幅雪白的高级铜版纸,直接地感受到天地光明,此心清净。

主题形象是受伤的鹰。这鹰究竟是英雄象征还是苍生象征,还是诗人自己的心路历程,可以不求甚解。鹰之外有个看不见的"探视者",依诗的首句联想,这探视者就是诗，就是艺术。"鹰"对这探视浑然不觉，我们不能确知他是否受惠。读完末句，眼底豁然开朗，心中尘虑一空，好像世上的伤害和苦难都已成为过去，沉淀，沉淀，虽然不能"本来无一物"，到底望见了彼岸。利用自然风景（尤其是明月）给读者一片清净心，原是禅诗的特长，席慕蓉这首诗，可以说是有"浓密密香喷喷的禅意"。

《一日·一生》左诗右画，有油画二十一幅，诗三十一首。诗之中，有七首以自然风景作结，形成诗境的升华。在《诗的成因》里，她说，"为了争得那些终必要丢弃的/我付出了/整整的一日啊　整整的一生"。最后，

日落之后　我才开始

不断地回想

回想在所有溪流旁的

淡淡的阳光　和

淡淡的　花香

一天或一生的矛盾、挣扎，最后竟付之阳光和花香，

令人意外；可是，也唯有这样，你才可以脱身。王维"君问穷通理，渔歌入浦深"，你还可以猜想歌词有什么妙理，东坡的"唯闻犬吠声，更入青萝去"，元僧唯则的"落日微风一树蝉"，就完全破念断想，另立一个不可言诠的世界。在这里，移山断流，并不需要费多大力气，而是在和风细雨之中一念完成。

佛教究竟给这位诗人多少影响？诗人说：

灯熄之后　窗里窗外
宇宙正在不停的销蚀崩坏

读来令人轻微的战栗。我不知道，若非佛家有"成住坏空"的宣告，诗人能给我们这秘密的惊吓吗？我也不知道，除了宗教，还有什么学说、什么技能、什么锦囊妙计，使我们相信还有永恒？

诗人似乎在追求"诗也简单，心也简单"。可是，到目前为止，她的诗还是如冰山一角，煞费测量。

转载自一九九八年四月二日《明报·明月副刊》

为"写生者"画像

——看席慕蓉的画

亮　轩

　　不久前去看席慕蓉的画展，特意地挑选一个人不会多的时间，目的就是要好好地看画，好好地想画，也可与身旁的人好好地谈一谈画家的画，几年以来，都是如此，所以画展的开幕酒会就极少参加了。画家可以做纯粹画家，欣赏者也可以做一个纯粹的欣赏者。席慕蓉是我认识多年的朋友，面对她的画作，尤其更应该做一个纯粹的欣赏者。

　　艺廊的空间有限，能展出的作品也就不多了，偏偏席慕蓉一向就有画大画的习惯，因此也只不过十几件而已。这一次展出的依然是她十分熟悉更是十分投入的主题：荷花。因为人少，所以可以静静地站在画前，远远近近地仔细欣赏，很快的，我就迷失在她的荷花荷叶之间，更确切地说，迷失在小小的色块细微的皴擦之间，让人忘了那是荷花还是荷叶，只余下光影色调层次笔触的变化。

　　席慕蓉从来就不是一个刻意求变的艺术家，无论是她的诗文还是她的画，她求的是真，情感的以及观察的。这也就造成了她的作品长年都能达到雅俗共赏的原因。其实雅俗共赏是美学世界中最难达到的境界，刻意而为毕竟一事无成者大有人在，席慕蓉以她近乎洁癖的真诚执著以赴，又一次证实了她的可观进境。

有人把席慕蓉看作唯美的画家，唯美一词早已被使用得泛滥了，于是难免予人仅限于皮相之美的印象。如果只是皮相之美，欣赏者深入到某一层次，极可能感受得出内在的虚伪与枯竭，因为皮相之美是没有"心"的。席慕蓉非常之用心，她不只画画用心，写诗也用心，写散文也用心，席慕蓉是在整个生活中无处不用心的人。她用心地看、用心地想，也很用心地去感动，这就是看她的画总让人不由自主静肃屏息的原因。人一用心便无旁骛，席慕蓉看荷，看得天地间只有荷，连她自己都不见了，所以她的荷也就愈来愈大了，而三两片的荷叶的影子也就可能充满在她画幅中的三分之二甚或五分之四了。只留下一点点光源的空隙与一两朵甚至含苞未放的荷花，但是在荷叶的这一大片绿里也充满了非比寻常的景致，画家的瞳孔得放得很大很大才见得到在黑夜里的那样的绿，那样的蓝，而非黑。如果有月光，光源或是投射至层层叶影之外的一片叶脉的一角，或是从清浅荷塘微微晃动反射而出，或是荷花荷叶竟然成为零星点缀的配角，画家分明看到了荷塘月下水光的闪动摇曳而转移了主题。

尽管可以如有人所说，席慕蓉的荷花是古典主义，夜色是印象派，花与女人是野兽派，但是以她最近以《一日·一生》为题的展出而言，她的荷画却有着古典派的细腻、印象派的光彩、野兽派的大胆与洒脱，画家显然并不在意她是什么派别，也无意于表现她师承的源流。早期的师范教育打下了扎实的技术性基础，赴欧习艺开了她的心胸与眼界，长年任教则让她在专业世界中从不松懈，而一以贯之的便是净洁无邪的真诚。席慕蓉没有划地自限，这在于她总是保有谦逊的学习精神，虽然她已经从教职生涯中退休，但她秉持的学习精神，绝不会比她的学生为少，她甚至会以无限惊羡的态度来赞叹还在学校中的杰出学生，至于她对任何一位她眼中杰出的作家、画家、思想家还是任何行业中的人物之由衷钦佩，也就更不在话下了。谦逊有许多好处，而谦逊最重要的收获就是随时随地可以大量地汲取他人的长处，经过了岁月，席慕蓉的融会贯通自属必然。

像她这么虔诚的艺术家不多，与席慕蓉相识者大概都感觉得到，她干什么都认真，做得不好就懊恼，两极化的价值标准不断地带来许多压力，她就不得不用功了。以席慕蓉自己与自己比较，又写诗又写散文又画画的席慕蓉，创作生涯大致是这样的：如果某种心绪画得出来，她就画，画不出来，她就写诗，诗难以表达，她才出诸于散文。基本上她是以画家自许的，从少年的时代到现在，如此的自我定位应无改变。席慕蓉能否成为一个杰出的小说作者就有点可疑，她太诚恳、太相信她见到的这个世界，她的质疑中就常常已经隐藏了答案了。许多的惊讶，促动着她以各种不同的艺术手段表达记录下来。最近两三年她花在画画方面的时间特别多，搬到淡水乡间之后，应该也大量减少了许多闲酬，于是更有助于她绘画性的探索，看了她这一次的展览，禁不住想起过去常常听她说的：“……那么我应该多画画。”“……那么我应该回去画画。”她总爱把许多对自己的疑惑与不满最后归结到是自己画得不好、不够努力用功所致。一个用功的学生还不是动不动就爱说：“那么我应该回去读书了。”“那么我要开始好好地做作业了。”

绘画的语言语法在席慕蓉的手底逐渐娴熟自如，画愈精而多当然最好不过了，这并不是说她的诗文不好，我们读一读她的诗文也就看得出来，几乎有一半的作品都与绘画一事相关，而她的那本小品文集《写生者》，足可以作为一本美学笔记相看。

是的，席慕蓉的半生就是一位彻底的"写生者"，写生的重要精神有两点，一、忠于描写的对象；二、保持学习的精神。席慕蓉对描写事物之忠诚，与宗教使徒无异，这使得她可以多年创作不懈，也能承受若干不苟同其"唯美"的批评。她不可能是不在意批评的那种人，但是她应对不同立场的批评的方法，就是更用心地去写、去画。在别人眼中也许并不算大的变化，对席慕蓉可不同，从明到暗、从绚丽到深沉、从堆染到皴擦、从实体到虚空，许多艺术家可以在旦夕之间腾跃游走，席慕蓉却不，她不敢，她不敢表现没有充分观察的、理解的，乃至于感动她自己的题材。写生者不轻易逾越分寸，所以席慕蓉的蜕变也是缓慢的。然而我们不可忽略了她的缓慢，她虽缓慢却从不停滞，因此每一处极为细小的变化也极为深刻，这种画家，开始要早、身体要好，还得长寿。要找一位历史上类似的画家，我想到的是沈周，这位享寿八十多岁的画家，从早年开始就画，画得再好，也未见其自恃才气的那种得意，画到四五十岁才渐渐舒展，终至斐然而成一代大师。做一个"写生者"的精神，对于造化自然是无限的崇拜的。使徒布道是不分时空的，席慕蓉身边总是有纸笔，她相信美是稍纵即逝的感受，于是愈为珍惜。想当年她的孩子还小的时候，她一边抱着孩子一边用针笔画画，又利用哄孩子的空当画画，若非狂热的对于生命中激情颤动的感受视为无上的神祇示现，又如何能够做得到呢？其实，尽管她的变化是缓慢细微的，尽管可以说她的画"相似"，她没有重复，用心地看，都可以看得出她要表现的是什么；而且，她也从未以表现了具体的现象为满足，她每一件作品都表现了那一片世界令她感动之所在，于是越到后来她的画作越开展，以至于在形相上不见得十分之写生，执著的写生者一路写生至今，早已自自然然地写生出了自己受物象感动的心灵。

艺术家时常难以拿捏常与变的分寸，执于常则易呆滞无神，执于变则易狂放无端。多年来，席慕蓉的执著既非常亦非变，她执著于一颗简单的用心，她的绘画世界用不着复杂的解析，她的画面也单纯统一，不论是花果昆虫、野马山峦，还是碧草与白云。她写了不少有关她的故乡蒙古的作品，当然也画了不少，照她自己说，口口声声尽是寻根之类的言语，还为此做了些与艺术创作无甚关联的事情，我看席慕蓉的根还要更遥远一些，她的根就是单纯而自然的生命，而蒙古恰好合于她内在渴求的性灵，难怪她回去多少次也不厌倦。她的故乡其实在她内心深处，她以数十年的岁月探索这个简单却深刻的自己，不依傍门户，不故作解人，也不追赶进度。只是永不停歇地一路走来，于是乎，呈现在她画中的，就是同样对于单纯抱持着企慕的人的共同的故乡，这种人倒不算少数，这应该是她的作品恒受较多的人欣赏的真正原因吧？席慕蓉抚慰了如此普泛的乡愁，看来也非她意料中事。

如今正值她创作的盛年，思想、历练与技巧的成熟，更可融会无间，那种不失稳重的洒脱自信，倒是在她早期画作中少见的，她更能准确地捕捉刹那间的神思感受，如此之成熟，自非易致。迈过中年，岁月再也不浪漫了，画家总会担心还有没有足够的时间画下来想画的东西。她已经从一个单纯的写生者变成更用功的赶路的写生者，然而艺术的世界只有脚程没有路程，怀抱着艺术家本质中的乡愁，她还是会不停地、带着几许焦虑地画下去，终究画出微尘大千尽是故乡的世界，然而她还会持续不断地追寻，正如她在《写生者》一书代序《留言》一诗末尾所说：

波涛不断向我涌来

我是蝼蚁决心要横过这汪洋的海

最初虽是你诱使我酩酊诱使我疯狂

最后是我微笑着含泪

没顶于

去探访

你的路上

席慕蓉终究要画出所有艺术家的生涯。

转载自一九九八年三月号《敦煌艺讯》

长路迢遥

——新版后记

一

九月初，去了一趟花莲。

出门之前，圆神出版社送来了《时光九篇》和《边缘光影》新版的初校稿，希望我能在九月中旬出发去蒙古高原之前做完二校。虽然离出版的时间还早，可是我喜欢出版社这样认真和谨慎的态度，就把这两本书稿都放进背包里，准备在火车上先来看第一遍。

从台北到花莲，车程有三个钟头，不是假日，乘客不多，车厢里很安静，真的很适合做功课。所以，车过松山站不久，我就把《时光九篇》厚厚一沓的校样拿了出来摆在眼前，开始一页页地翻读下去。

《时光九篇》原是尔雅版，初版于一九八七年的一月。其中的诗大多是写于一九八三到一九八六年间，与此刻相

154

距已经有二十年了。

二十年的时光，足够让此刻的我成为一个旁观者，更何况近几年来我很少翻开这本诗集，所以，如今细细读来，不由得会生出一种陌生而又新鲜的感觉。

火车一直往前行进，窗外的景色不断往后退去，我时而凝神校对，时而游目四顾，进度很缓慢。

当我校对到《历史博物馆》那首诗之时，火车已经行走在东部的海岸上，应该是快到南澳了，窗外一边是大山，一边是大海，那气势真是摄人心魂。美，确实是让人分心的，我校对的工作因而进展更加缓慢。

然后，就来到诗中的这一段——

归路难求　且在月明的夜里

含泪为你斟上一杯葡萄美酒

然后再急拨琵琶　催你上马

知道再相遇又已是一世

那时候　曾经水草丰美的世界

早已进入神话　只剩下

枯萎的红柳和白杨　万里黄沙

读到这里，忽然感觉到就在此刻，就在眼前，时光是如何在诗里诗外叠印起来，不禁在心中暗暗惊呼。

　　车窗外，是台湾最美丽的东海岸，我对美的认识、观察与描摹是从这里才有了丰盈的开始的。

　　就在这些大山的深处，有许多细秀清凉的草坡，有许多我曾经采摘过的百合花．曾经认真描绘过的峡谷和溪流，有我的如流星始奔，蜡炬初燃的青春啊！

　　在往后的二十年间，在创作上，无论是绘画还是诗文都不曾停顿，不过，在我写出《历史博物馆》这首诗的时候，虽已是一九八四年的八月，却还不识蒙古高原，也未曾见过一丛红柳，一棵白杨，更别说那万里的黄沙了。

　　谁能料想到呢？在又过了二十年之后，重来校对这首诗的我，却已经在蒙古高原上行走了十几年了，甚至还往更西去了新疆，往更北去了西伯利亚的东部，见过了多少高山大川，多少水草丰美的世界，更不知出入过多少次的戈壁与大漠！

　　是的，如果此刻有人向我问起红柳、白杨与黄沙，我心中会争先恐后地显现出多少已然枯萎或是正在盛放色泽嫩红的柔细花穗，多少悲风萧萧或是枝繁叶茂在古道边矗立的白杨树，以及在日出月落之间，不断变幻着光影的万里又万里的黄沙啊！

我是多么幸运，在创作的长路上，就像好友陈丹燕所说的"能够遇见溪流又遇见大海"，在时光中涵泳的生命，能够与这许多美丽的时刻在一首又一首的诗篇中互相叠印起来。

在两个二十年之后，在一列行驶着的火车车厢之中，我从诗中回望，只觉得前尘如梦，光影杂沓，那些原本是真实生命所留下的深深浅浅的足迹，却终于成为连自己也难以置信的美丽遭逢了。

二

当然，在时光中涵泳的生命，也并非仅只是我在眼前所能察觉的一切而已。我相信，关于诗，关于创作，一定还有许多泉源藏在我所无法知晓之处。

这十几年来，我如着迷般地在蒙古高原上行走，在游牧文化中行走，虽然每次并没有预定的方向，却常会有惊喜的发现。

譬如前几年，在内蒙古呼和浩特市举行的首届"腾格里金杯蒙文诗歌朗诵比赛"决赛现场，全场的听众里，我是那极少数不通母语的来宾之一，可是，却也和大家一样跟着诗人的朗诵而情绪起伏，如痴如醉，只因为蒙古文字在诗中化为极精彩的音韵之间的交错与交响，唤起了我心中全部的渴望。

原来，我对声音的追求是从这里来的！

这么多年来，虽然在诗里只能使用单音节的汉字，可是我对那字音与字音之间的跳跃与呼应，以及长句与长句之间的起伏和绵延，总是特别感兴趣。在书写之时，无论是自知或是不自知的选择，原来竟然都是从血脉里延伸下来的。

而这个世界，还藏有许多美丽的秘密！

就在这个十月，我身在巴丹吉林沙漠，有如参加一场"感觉"的盛宴，才知道自己从前对"沙漠"的认识还是太少了。

巴丹吉林沙漠在内蒙古阿拉善盟右旗境内，面积有四万七千平方公里。在这样广大的沙漠中，横亘着一座又一座连绵又高崇的沙山沙岭，却也深藏着一百几十处湛蓝的湖泊。有的明明是咸水湖，湖心却有涌泉，裸露在湖面上的岩石里有大大小小的泉眼，从其中喷涌而出的，是纯净甘甜的淡水，湖旁因而有时也丛生着芦苇。清晨无风之时，那如镜的湖面，会将沙山上最细微的折痕也一一显现，天的颜色是真正的宝石蓝，蓝得令人诧异。

原来，这在我们从前根深蒂固的概念中所认定的一种荒凉与绝望的存在，竟然也可能会有完全不同的面貌，充满了欣欣向荣的生命。

如果不是置身于其中，我如何能够相信眼前的一切也都属于沙漠？在沙谷之中隐藏着湖水，在沙坡之上铺满了植被，生长着沙蒿、沙米，还有金黄色的圆绒状的小花，牧民给它起了一个非常具象的名字——"七十颗纽扣"……

这个世界，还藏有多少我们不曾发现又难以置信的美丽？

夜里，星空灿烂，宽阔的银河横过中天，仰望之时，仿佛从前背负着的枷锁纷纷卸落，心中不禁充满了感激。

还需要什么解释呢？我在星空下自问。

且慢！上苍既然愿意引领找到了这里，一定有它的深意。长路何其迢遥！我且将所有的桎梏卸下，将那总是在追索着的脚步放慢，将那时时处于戒慎恐惧的灵魂放松，珍惜这当时当刻，好好来领受如此丰厚的恩宠吧。

三

回到台北，满心欢喜地准备迎接一套六册精装诗集的完整展现。

《时光九篇》书成之后十二年，才有《边缘光影》的结集，原来都属尔雅，要谢谢隐地先生的成全，才得以在今天进入圆神系列。

更要谢谢简志忠先生的用心，让我的六本诗集在六年之间陆续以新版精装的面貌出现。

《迷途诗册》也将从二十五开本改成三十二开本，也算是新版。

这真是我从来不敢奢望的美丽遭逢。

要谢谢这两位好友之外，更要谢谢每一位在创作的长路上带领我和鼓励我的朋友，长路虽然迢遥，能与你们同行，是何等的欢喜！何等的幸福！

我是极为感激的。

二〇〇五年十一月九日写于淡水

席慕蓉书目

◇诗　集

◇诗　选

1994. 2	河流之歌　北京三联
1997. 6	时间草原　上海文艺
2000. 5	世纪诗选　尔雅
2001	Across the Darkness of the River（张淑丽英译）GREEN INTEGER
2002. 1	梦中戈壁（蒙汉对照）　北京民族
2003. 9	在黑暗的河流上　南海
2009. 2	契丹的玫瑰（日文诗集·池上贞子译）日本东京思潮社

◇画　册

1979. 7	画诗（素描与诗）　皇冠
1987. 5	山水（油画）　敦煌艺术中心
1991. 7	花季（油画）　清韵艺术中心
1992. 6	涉江采芙蓉（油画）　清韵艺术中心
1997. 11	一日一生（油画与诗）　敦煌艺术中心
2002. 12	席慕蓉（40 年回顾）　圆神
2014. 11	旷野·繁花　敦煌画廊

◇散文集

1982. 3	成长的痕迹　尔雅
1982. 3	画出心中的彩虹　尔雅
1983. 10	有一首歌　洪范
1985. 3	同心集　九歌
1985. 10	写给幸福　尔雅
1989. 1	信物　圆神

1989.3　　写生者　大雁

1990.7　　我的家在高原上　圆神

1991.5　　江山有待　洪范

1994.2　　写生者　洪范

1996.7　　黄羊・玫瑰・飞鱼　尔雅

1997.5　　大雁之歌　皇冠

2002.2　　金色的马鞍　九歌

2003.2　　诺恩吉雅（我的蒙古文化笔记）　正中

2004.1　　我的家在高原上（新版）　圆神

2004.9　　人间烟火　九歌

2007.3　　2006 席慕蓉　尔雅

2008.7　　宁静的巨大　圆神

2013.9　　写给海日汗的21封信　圆神

2017.7　　我给记忆命名　尔雅

◇散文选

1988.3　　在那遥远的地方　圆神

1997.6　　生命的滋味　上海文艺

1997.6　　意象的暗记　上海文艺

1997.6　　我的家在高原上　上海文艺

1999.12　　与美同行　上海文汇

2000　　我的家在高原上（息立尔蒙文版）
　　　　　蒙古国前卫

2002.6　　胡马・胡马（蒙文版）　内蒙古人民

2002.12　　走马　上海文汇

2003.9　　槭树下的家　南海

163

2003.9　　透明的哀伤　南海
2004.1　　席慕蓉散文　内蒙古文化
2009.4　　追寻梦土　作家
2009.4　　蒙文课　作家
2010.2　　席慕蓉精选集　九歌
2013.1　　前尘·昨夜·此刻　长江文艺
2014.7　　给我一个岛　长江文艺
2015.8　　槭树下的家　长江文艺
2015.11　透明的哀伤　长江文艺

◇小　品

1983.7　　三弦　尔雅

◇美术论著

1975.8　　心灵的探索　自印
1982.12　雷射艺术导论　雷射推广协会

◇传　记

2004.11　彩墨·千山　马白水　雄狮

◇编　选

1990.7　　远处的星光——蒙古现代诗选　圆神
2003.3　　九十一年散文选　九歌

◇摄　影

2006.8　　席慕蓉和她的内蒙古　上海文艺

附注：《三弦》与张晓风、爱亚合著。《同心集》与刘海北合著。《在那遥远的地方》摄影林东生。《我的家在高原上》摄影王行恭。《水与石的对话》与蒋勋合著，摄影安世中。《走马》摄影与白龙合作。《诺恩吉雅》摄影与白龙、护和、东哈达、孟和那顺合作。《我的家在高原上》（新版）摄影与林东生、王行恭、白龙、护和、毛传凯合作。

图书在版编目（CIP）数据

边缘光影 / 席慕蓉著. --武汉：长江文艺出版社，
2017.9（2022.4 重印）
　（席慕蓉诗集：礼享版）
　ISBN 978-7-5354-9548-8

　Ⅰ. ①边… Ⅱ. ①席… Ⅲ. ①诗集－中国－当代
Ⅳ. ①I227

中国版本图书馆 CIP 数据核字（2017）第 053191 号

本书经由圆神出版社授权长江文艺出版社出版简体中文版（纸本平装书）
湖北省版权局著作权合同登记　图字 17-2016-303 号

责任编辑：孙　琳　李　潇　方　莹　刘程程
特约策划：高　娟　　　　　　　　　　责任校对：毛季慧
封面设计：壹　诺　　　　　　　　　　责任印制：邱　莉　　王光兴

出版：　长江出版传媒 | 长江文艺出版社
地址：武汉市雄楚大街 268 号　　　　邮编：430070
发行：长江文艺出版社
电话：027—87679360
http://www.cjlap.com
印刷：湖北新华印务有限公司

开本：880 毫米×1230 毫米　　1/32　　印张：5.875　　插页：2 页
版次：2017 年 9 月第 1 版　　　　2022 年 4 月第 4 次印刷
行数：3214 行

定价：32.80 元